G. DAVID, L. GUIBERT,
RVO, P. MIEUSSET, A. TAILHAND.

RANCE!

ANTS, POÈMES ET PAYSAGES

PRÉCÉDÉS DE

A LA TERRE DE FRANCE

PAR

VICTOR DE LAPRADE
De l'Académie française

PRIX : UN FRANC

PARIS

PAUL OLLENDORFF, ÉDITEUR

28 bis, rue de Richelieu

1881

FRANCE !

CHANTS, POÈMES ET PAYSAGES

DES MÊMES AUTEURS :

G. DAVID. — *Le Poème de la vie*, chants intimes (Paris, Didier, 3 fr.).
Jours d'été, avec une eau-forte (Paris, Didier, 5 fr.).

L. GUIBERT.— *Rimes couleur du temps* (Paris, Dentu, 2 fr.).
Notes de voyage, poésies (Paris, Lachaud, 2 fr.).

A. HERVO. — *Le Sergent*, drame en deux actes (Paris, Tresse, 1 fr.).
La Corvée du pain, scène militaire (Paris, Tresse, 1 fr.).
Louis Brune, le sauveteur de Rouen, drame en quatre
actes (Paris, Blériot, 1 fr. 50).

P. MIEUSSET.—*Les Chants du réveil* (Paris, lib. des biblioph., 2 f.50).

A. TAILHAND. — *Poésies paternelles*, ouvrage couronné par l'Académie française (Paris. Didier, 3 fr.).

G. DAVID, L. GUIBERT,

A. HERVO, P. MIEUSSET, A. TAILHAND.

FRANCE!

CHANTS, POÈMES ET PAYSAGES

PRÉCÉDÉS DE

A LA TERRE DE FRANCE

PAR

VICTOR DE LAPRADE
De l'Académie française

> Gloire à la France au ciel joyeux,
> Si douce au cœur, si belle aux yeux..
> DÉROULÈDE, *Hymnes Français.*

PARIS

PAUL OLLENDORFF, ÉDITEUR

28 *bis,* rue de Richelieu

1881

LIMOGES. — IMP. VEUVE H. DUCOURTIEUX, RUE DES ARÈNES, 7.

A MONSIEUR V. DE LAPRADE

De l'Académie française.

Du Nord et du Midi, de l'Est, de la Bretagne,
Poète, nous venons, enflammés par ta voix,
Chanter dans un seul chœur que ta lyre accompagne
Notre France immortelle, et nos champs et nos bois.

Ne dis plus : « Muse, adieu !... Déjà l'âge me gagne... »
Barde aux virils accents, vrai fils du sol gaulois,
Tu braves les hivers, tel que sur la montagne
Un vieux chêne, géant des forêts d'autrefois.

1

Comme toi Michel-Ange accusait la nature,
Quand, à quatre-vingts ans, sa main vaillante et sûre
Maniait la palette et les ciseaux vainqueurs.

Ainsi, Maître, longtemps tu combattras encore,
Et, pareille au clairon, ta voix fière et sonore
Pour la France longtemps fera battre les cœurs.

A LA TERRE DE FRANCE (1).

Nourrice des grands cœurs, vieille terre des Gaules
Où mûrit l'héroïsme, où fleurit la gaîté,
Grands chênes, ceps riants, prés verts bordés de saules,
Terre où l'on respirait avec tant de fierté.....

O terre hospitalière et douce autant que belle!
Cher pays que j'aimai de tant d'amours divers,
France de nos aïeux, nature maternelle
D'où j'ai tiré ma sève et l'âme de mes vers;

(1) Ce poème, d'une inspiration si généreuse et si pénétrante, est tiré des *Poèmes civiques* de M. V. de Laprade (Paris, Didier, 1873). — M. de Laprade a bien voulu nous autoriser à le publier. Puisse-t-il porter bonheur à notre œuvre!

Nous avons dû, faute d'espace, retrancher quelques strophes. Nous indiquons les suppressions par des points.

Toi qui parlais si haut à mon humble pensée,
Quand j'allais t'écouter dans le secret des bois,
Tu gardes le silence, ô mère courroucée!
Sous tes chênes muets je n'entends plus des voix.

Je ne sens plus dans l'air ton haleine vivante,
Ton souffle inspirateur des pensers généreux;
L'azur même, en ton ciel, me trouble et m'épouvante,
Et tes plus beaux soleils assombrissent mes yeux.

Tu sembles, comme nous, porter un deuil immense
Et souffrir une part de notre immense affront,
Noble terre! En ces jours de honte et de démence,
L'opprobre de tes fils éclate sur ton front.

Ils n'ont pas défendu ton chaste sein, ô mère!
Nos cités ont subi les Germains triomphants!...
Voici de tes douleurs, voici la plus amère :
Il te faut mépriser tes débiles enfants.

Ah! tu n'as plus pour moi de regard, de langage!
Aux lieux les plus chéris je t'interroge en vain :
Un silence de mort glace le paysage;
La lyre et les pinceaux s'échappent de ma main.

Que peindre et que chanter le soir de la défaite,
A travers les débris de l'honneur écroulé?
Comment cueillir des fleurs et conduire une fête
Sur un sol que les pieds du barbare ont foulé?

Taisez-vous à jamais, lyres, chansons, beaux rêves,
Brises, joyeux oiseaux bercés au bord du nid,
Murmures des forêts, voix des flots sur les grèves,
Tout ce qui nous parlait d'amour et d'infini!

Un voile noir s'étend sur les sites que j'aime :
La nuit se fait sur eux comme au fond de mon cœur.
Je n'ai plus entendu la nature et Dieu même
Dans nos bois insultés par les cris du vainqueur.

C'en est fait du bonheur de rêver et de vivre ;
C'en est fait de l'orgueil, du renom des aïeux !
Tout ce qui m'inspirait, tout ce qui dicte un livre,
Tout se tait dans mon âme et s'éteint dans les cieux.

Terre de la pitié, douce terre de France,
L'honneur que je te rends, l'amour que je te dois,
Ne m'inspirent plus rien que haine et que vengeance :
C'est un rêve de sang que je fais dans tes bois.

Arrière le pardon, quand l'outrage subsiste,
France! Et pour qui te hait, plus de compassion!
Sache à la fin t'aimer d'un amour égoïste,
Et n'ouvre plus ton cœur à toute nation.

Sois forte, et, s'il le faut, plus tard tu seras juste!
Connais mieux, désormais, des peuples scélérats;
Apprends d'eux la rancune et la haine robuste;
Ecrase-les!.... après, tu leur pardonneras.....

. . . .

Dupes de ces voisins que nous appelions frères,
De leur jargon obscur naïfs admirateurs,
Nous tendions, par-dessus nos tranquilles frontières,
Une loyale main à leurs maîtres-chanteurs.

Mais, puisqu'ils sont venus dans la France outragée
Des hordes d'Attila promener la terreur;
Puisqu'ils ont — leur injure étant trois fois vengée! —
Des guerres du vieux temps ressuscité l'horreur;

Puisque de ces docteurs la sagesse vantée
Créa l'art du pillage et la vengeance à froid,
Qu'ils rouvrent pour l'Europe une ère ensanglantée,
Qu'ils ont dit que la force est au-dessus du droit;

Pour être forts comme eux redevenons barbares,
Egoïstes, jaloux... abjurons la pitié ;
Fermons aux opprimés, fermons nos cœurs avares ;
De tous les malheureux méprisons l'amitié.

Restons seuls, cultivant la haine à toute outrance !
Et les peuples ingrats qu'ont charmés nos revers
Sauront ce qu'il advient, quand l'âme de la France
Se retire un moment du sordide univers.

Nous, poètes, penseurs, prêtres de la concorde,
Punis d'avoir prêché l'amour du genre humain,
Sur nos lyres en deuil faisons vibrer la corde
Qui met la rage au cœur et le fer à la main.

N'allons plus au désert, sous les sacrés ombrages,
Pour écouter notre âme et nos paisibles dieux,
Mais pour nous enivrer de ces ardeurs sauvages
Qu'y versait le druide aux Celtes, nos aïeux.

Chênes bretons, sapins des montagnes arvernes,
Des rhythmes que j'aimais sombres inspirateurs,
Chantez aux morts, chantez aux hommes des cavernes,
Chantez le vieux bardit sur toutes les hauteurs !

N'ayez plus un soupir, un accord, un murmure
Pour les fêtes de l'âme et les blondes amours.
Secouez dans la nuit votre âpre chevelure
Sur de noirs bataillons de loups et de vautours!

Répandez des rumeurs farouches, inhumaines,
Jusqu'au jour où nos fils offriront, tout joyeux,
Sous vos rameaux, parés de dépouilles germaines,
Le festin de vengeance aux mânes des aïeux.

Moi, je n'entendrai plus dans votre cher feuillage,
O mes saintes forêts! les voix de l'avenir;
Echo de ton esprit, ô vieux chêne, ô vieux sage,
Je ne parlerai plus pour aimer et bénir;

Je ne l'entendrai plus — la honte étant lavée —
Chanter pour moi, dans l'ombre où je cache mes pleurs,
La Muse que je sers, fière et tête levée,
Et tressant sous ses doigts des couronnes de fleurs.

Je ne te verrai pas, réveil de la patrie;
Mais ma voix expirante a voulu te sonner :
Mes vers entretiendront ta flamme et ta furie
Quand moi je serai mort... et mort sans pardonner...

. . . .

Des peuples chancelants tu restes l'espérance;
Le Teuton les promet à sa sordide loi :
Si tu t'endors une heure, oubliant la vengeance,
L'Europe se réveille esclave ainsi que toi!

Donc, ô vieux sol français, terre où la sève abonde,
Presse dans leur travail, presse tes flancs divins;
Il ne te suffit plus de verser sur le monde
Les fleurs de ton sourire et le feu de tes vins...

Sous la vigne et les blés, les figuiers et les hêtres,
De plus nobles ferments dorment dans nos guérets :
Tu portes dans ton sein les os de nos ancêtres;
Leur mâle esprit encore habite tes forêts.

Rends-nous des fils pétris de cette lave antique.
Arrière l'art frivole et les pâles songeurs !
O terre, entr'ouvre-toi, vieille terre celtique,
Et des os de nos morts qu'il sorte des vengeurs!

Quand ils se lèveront pour les saintes batailles,
Apportant leur jeunesse et la victoire au droit,
Moi, je serai couché, mère, dans tes entrailles,
Sans plus voir ton soleil, et mon cœur aura froid.

1.

Au moins, placez mes os près des os de mes pères;
Je veux à côté d'eux sommeiller dans les bois,
En quelqu'endroit témoin de leurs luttes prospères,
Sous le sombre dolmen où dort un chef gaulois.

Je suis son fils, malgré le temps qui nous sépare!
Je hais le Teuton fourbe et le fourbe Romain!
Revenons, revenons à la vertu barbare :
Que notre Muse chante une hache à la main !

Vous donc, guerriers, nos fils, bardes, mes jeunes frères,
Quand sur la Gaule en deuil luiront des jours plus beaux,
Vainqueurs, vous songerez aux fêtes funéraires,
Et vous viendrez en foule honorer les tombeaux.

Alors de nos dolmens, verts sous leur vieille mousse,
Le granit réchauffé deviendra rouge encor ;
Sur les vastes rameaux du chêne qui repousse,
Le gui sera tranché par la faucille d'or ;

La terre à flots boira le sang noir des victimes,
Du barbare insolent qui vint nous outrager.
Honte à qui nous rendit la honte et tous ses crimes !...
Mais que le sol français dévore l'étranger !

Et la harpe dira l'hymne de délivrance,
De farouches clameurs courront de rang en rang...
Et sous la terre humide, à la chaleur du sang,
Mes os tressailleront, abreuvés de vengeance.

V. DE LAPRADE.

I

PLACE A DIEU!

Jadis, quand le printemps avait ouvert les roses,
Semé, comme un prodigue, et la vie et les fleurs,
Que la nature enfin réveillant toutes choses
Trouvait baume ou répit pour toutes les douleurs,
L'homme reconnaissant ouvrait aussi son âme.
Heureux au dur hiver de dire un long adieu,
Il pensait à Celui que l'univers proclame,
Et partout il faisait la Fête du Bon Dieu.

On dressait des autels de mousse ou de verdure,
On apportait joyeux les fleurs de son jardin ;
On mettait aux enfants leur plus belle parure,
Puis chacun accourait, paysan, citadin.
Et Dieu qui se souvient du verre d'eau qu'on donne,
Sortait des temples saints et venait parmi nous.
O France ! en ce temps-là, je le jure, personne
Qui ne courbât son front ou pliât ses genoux !

Et quand Dieu s'approchait du seuil de nos demeures,
L'amour montait aux cœurs et les larmes aux yeux :
Émotion bénie où les âmes meilleures
Retrouvaient un rayon de la foi des aïeux.
En ce jour bienfaisant l'homme oubliait sa peine,
Le pauvre ses besoins, le riche sa grandeur.
La paix et la bonté, non l'orgueil ou la haine,
Fleurissaient doucement sous les pas du Sauveur.

Maintenant... de ces jours trop heureux, de ces fêtes,
Plus rien !... Hélas ! nos cœurs à Dieu ne s'ouvrent plus,
Et comme un vent glacé qui passe sur nos têtes,
Le doute emporte au loin nos regrets superflus.

France, où vas-tu ? — Dis-moi quel tourment te dévore !
Tu ne veux plus de Dieu, que Dieu t'a-t-il donc fait?
Qu'as-tu reçu de lui ?... N'attends-tu rien encore ?
Trouverais-tu pesant le fardeau du bienfait?...

Déjà le flot s'avance !... Au maître de l'espace
Tes maîtres d'aujourd'hui viennent dicter des lois.
Tu les vois en ton nom lui disputer la place,
Abaisser ses autels et chicaner ses droits.
Entends les dire à Dieu : « Dans tes temples de pierres
» Tu seras prisonnier ; tu ne sortiras pas.
» Si nous le voulons bien, on dira des prières,
» Mais quand nous le voudrons, on les dira tout bas ! »

Et ces temples pourtant dont on ferme la porte,
Quand la paix est si bonne à tous nos cœurs lassés,
Peuple vaillant, dis-moi, n'est-ce pas ta main forte
Qui seule avec ta foi jadis les a dressés?
Qui lança dans les airs leurs flèches colossales,
D'où le regard pâlit de vertige et d'effroi?
Qui du sommet des tours jusqu'au pavé des dalles
Fit l'œuvre merveilleux, qui donc si ce n'est toi?

Ces temples de granit, peuple, voilà ton livre,
Depuis mille ans légué par le père à l'enfant.
Garde-le bien toujours; c'est la foi qui délivre
Des malheurs passagers par le ciel triomphant.
Défends-le de l'injure et défends-le des flammes,
Car c'est là que tu lis comme en lettres de feu
Ces mots : Liberté sainte, égalité des âmes,
Fraternité des cœurs, sublime loi de Dieu!...

Pauvre peuple abusé, qu'on excite et qu'on leurre
Par des mots d'avenir et d'outrage passé,
Quand je songe à ton sort, tout mon cœur saigne et pleure.
A qui donc iras-tu quand Dieu sera chassé?
Le travail est la loi, comme aussi la souffrance.
Contre la mort, les deuils, qui donc te défendra?
Quand sera morte en toi l'immortelle espérance,
Les mauvais jours venus, dis, qui te la rendra?

A. HERVO.

II

EXCELSIOR.

Poète, prends l'essor! combats sur les sommets!
Ne crains pas de mêler l'épi d'or aux bluets.
Pourquoi toujours chanter les amours et les roses?
De nos revers sans nom sonde plutôt les causes
Et célèbre la France avec la liberté!...
Quand tout s'éteint, l'honneur, la gloire, la fierté,
Par de mâles accents ranime les cœurs d'hommes:
Il est temps de bannir tout plaisir énervant;
Comme un vaillant clairon, dans les temps où nous sommes,
Le poète inspiré doit marcher en avant;

De la Patrie en deuil il doit sécher les larmes,
Préparer l'avenir, flétrir les oppresseurs;
Il faut que tous ses vers frappent comme des armes !
Il est temps d'émouvoir et d'élever les cœurs.

O fils d'Anacréon, prends le luth de Tyrtée !
Jette un cri de réveil à la France attristée,
Et debout, frémissant, des éclairs dans tes yeux,
Rappelle aux fils vaincus la valeur des aïeux.
Hier de nos soldats tu peignis la déroute;
Maintenant de la gloire indique-leur la route.
Sois sublime, enseignant le devoir, la vertu,
Par quoi renaît toujours un grand peuple abattu.
Éclaire l'ignorant; dis la vierge humble et pure,
Fleur du foyer, gardant sa vertu pour parure.
Flagelle la Débauche au regard effronté,
La Paresse enfantant la sombre Pauvreté,
Et l'Envie au front bas qu'offusque un front sublime.

Calme en vers fraternels l'Emeute aux bras d'airain,
Chante le Dévoûment; montre l'horreur du crime,
Les remords éternels, les terreurs de Caïn.
Crie aux deshérités : « Espoir! espoir! courage! »
Dévoile-leur du ciel le consolant rivage;

Puis, lorsque les heureux avec des chars brillants
Courent à leurs plaisirs, parés d'or et de soie,
Tandis que sur leurs fronts se peint la douce joie,
Montre-leur en chemin les pâles mendiants,
Les vieillards grelottant de froid et de misère,
Les enfants en haillons près d'un spectre, leur mère...
Et fais vibrer si fort la corde des douleurs,
Què l'or jaillisse à flots pour sécher tous les pleurs.

P. Mieusset.

III

LES BRUYÈRES.

O mon humble pays! il est dans tes campagnes,
Il est dans les replis de tes vertes montagnes,
  Plus d'un sommet aride et nu,
Plus d'un ravin désert où dix mois de l'année
Seule, sur la bruyère, une errante araignée
  Jette son fil souple et ténu.

Ni chèvres, ni brebis n'y cherchent leur pâture,
Car l'herbe n'étend pas son tapis de verdure
  Sur le sol semé de graviers;
A peine çà et là végètent solitaires,
Au milieu des rochers et des maigres bruyères,
  Quelques rares genévriers.

Nul bruit ne vient troubler ces mornes solitudes,
Où les froids de l'hiver sont plus longs et plus rudes,
    Où le printemps même est sans fleurs ;
Mais lorsque le soleil et sa blonde lumière
Ont durant tout l'été pénétré cette terre
    De leurs fécondantes chaleurs,

La bruyère fleurit : violette ou rosée,
Elle étale à nos yeux de sa robe irisée
    Les tons vifs et les plis luisants,
Et moins douce aux regards est l'aube printanière,
Ou la rose naissante, ou la pourpre légère
    Qui décore un front de quinze ans.

Tout un peuple chantant d'insectes et d'abeilles
Sous l'odorant abri des corolles vermeilles
    Suspend son vol harmonieux,
Le désert se revêt d'une grâce charmante,
Et la vie y circule active et palpitante
    Sous le grand sourire des cieux.

Car la gloire de Dieu sur toute la nature
Rayonne, et nul désert aride et sans parure
    N'est à ce point déshérité,

Et nul lieu n'est jamais si triste et si sauvage,
Si privé de verdure, et d'eau vive, et d'ombrage,
      Qu'il n'ait son heure de beauté.

Quelque humble qu'elle soit, ainsi toute âme humaine
Sous les rayons d'en haut a son heure sereine
      De charme intime et pénétrant,
Où, révélant au jour sa céleste origine,
Elle s'épanouit comme une fleur divine
      Dans l'air suave et transparent.
                Gaston DAVID.

IV

L'ÉCLAT D'OBUS.

Au temps où le canon a grondé dans la plaine,
Un obus ennemi transperça la maison ;
Cette trouée, ouverte en la muraille pleine,
Semble, depuis, un œil fixé sur l'horizon.

On dirait qu'il regarde encore la bataille,
De ses brouillards sanglants couvrant les cieux rougis ;
Mais l'on sent bien aussi qu'à travers cette entaille,
Quelque chose est parti de l'âme du logis :

Sans doute, le repos que l'on avait naguère,
Le prestige attaché sur le renom français,
Tous ces bonheurs unis aux fiertés, que la guerre
Donne avec le triomphe, ôte avec l'insuccès.

2

Je n'ai jamais permis qu'on réparât la brèche;
Dût même la façade à peine se tenir,
Je veux l'y voir béante, et je veux qu'elle empêche
D'oublier, lorsqu'il faut autant se souvenir.

Oui, tu resteras là, muette spectatrice,
O trace de l'obus, leçon et châtiment!
Jusqu'à l'heure où nos fils, pour cette cicatrice,
Sur un sol reconquis trouveront du ciment.

Moi-même aussi, je porte au cœur une blessure :
Je la veux garder vive et ne point la panser;
Elle ne guérira d'une guérison sûre
Qu'en voyant la revanche en armes se dresser.

Lorsque l'aigle, rendue à sa gloire éternelle,
Et rachetant d'hier les douleurs et l'affront,
Sur les rives de l'Est aura rouvert son aile,
La muraille et la plaie enfin se fermeront.

A. TAILHAND.

V

DEPUIS.

De ses feux doux et purs, de ses lueurs vermeilles
Inondant les coteaux, les champs, les bois, les prés,
L'aube comme autrefois teint les cieux empourprés
Et de l'œuvre divin éclaire les merveilles.

Le printemps toujours jeune a les mêmes splendeurs :
La terre, à son réveil, palpite et se soulève ;
Rien n'épuise l'élan de sa robuste sève,
Et tant d'hivers n'ont pu refroidir ses ardeurs.

La musique et le vin ont les mêmes ivresses;
D'un immortel éclat rayonne la beauté,
Et l'amour triomphant tient le monde enchanté
Sous les mêmes baisers et les mêmes caresses...

Aux nobles chants encor vibre tout l'être humain;
Sur nous la Poésie a gardé son empire :
Toujours la Muse règne, et le vers qu'elle inspire
Jusqu'au cœur attendri sait s'ouvrir un chemin.

Et cependant l'amour, le printemps et l'aurore,
Les accents les plus doux et les plus tendres voix
Pour mon âme n'ont plus les charmes d'autrefois;
A mes yeux tout s'efface et tout se décolore.

Au matin d'un beau jour, le long des buissons verts,
Jadis quand je passais, les soucis de la veille
S'envolaient, et soudain venait à mon oreille,
Chœur ami, bourdonner un fol essaim de vers....

A présent, la chanson fuit ma lèvre glacée;
Je marche, indifférent, au plaisir, au devoir;
L'avenir m'apparaît sans joie et sans espoir;
Un poids insupportable écrase ma pensée....

Hôtes jadis fêtés, ne passez plus mon seuil !
Une douleur immense habite en moi ; sans cesse
Au devant de mes pas comme un spectre se dresse
Le génie éploré de la patrie en deuil.

Une rouge vapeur s'élève de la terre ;
Les éclairs des obus se croisent dans les cieux ;
Mille images de sang retracent à mes yeux
Les sinistres tableaux de cette horrible guerre....

Je revois les hameaux regorgeant de soldats,
Les canons sur la place et les feux dans la rue,
Les blessés arrivant, foule sans cesse accrue,
Et les amas de morts au soir des grands combats.

On écoute... On attend.... Des rumeurs inquiètes
Ont remplacé les chants, les vivats et les cris.
Quelle poignante angoisse à présent dans Paris !
Quel sombre effarement aux premières défaites !

Au galop, sabre au poing, penchés sur leurs coursiers,
Vrai tourbillon de fer, charge désespérée,
Par le gouffre embrasé vague humaine aspirée,
Là-bas à l'horizon passent les cuirassiers.

                                        2.

Combien de vains exploits, d'inutiles merveilles !
Que de héros obscurs : les zouaves à Loigny,
La garde à Mars La Tour, la ligne à Champigny,
Les gendarmes au Mans, les marins à Bazeilles !...

Et ces stoïques morts, dignes des vieux Romains :
Douai, Raoult, Guilhem, Decaen, Lambert, Dampierre,
Baroche, Corcelet, Franchetti, La Charrière, —
Et Legrand, et Renault dont j'ai serré les mains....

Vaillants et nobles cœurs, combattants intrépides,
Des Français d'autrefois ce sont les dignes fils ;
Mais tout manque : le pain, la poudre, les fusils,
Et l'on pleure de rage auprès des caissons vides.

Sur les routes, pieds-nus, en haillons, hâves, las,
Un peuple d'affamés se traîne en longues files ;
C'est tout ce qu'ont laissé de nos pauvres mobiles
La fièvre, le bivouac, l'hiver et vingt combats.

Les autres, sous la bise et ses âpres bouffées,
Traversent, prisonniers, le village natal,
Détournant les regards, quand l'Allemand brutal
Sans pitié sur leurs pas étale ses trophées.

Puis rien... tout est fini ! L'étranger est vainqueur :
La France, à bout de force, a gravi son calvaire ;
La neige sur les morts étend un blanc suaire...
Et la haine s'amasse et grandit dans mon cœur.

Louis GUIBERT.

VI

FLEURS DE LORRAINE.

C'ÉTAIT dans un humble village,
Où l'on ne peut plus désormais,
Sans craindre l'exil ou l'outrage,
Même tout bas parler français.
Deux jeunes enfants sans famille
S'en allaient se tenant la main ;
Tout en pleurs la petite fille
Sanglotait le long du chemin.

— Ne pleure pas, disait son frère;
Des ennemis crains la colère :
Nous n'avons plus de défenseur.
Mais ne perdons pas l'espérance;
Nous allons retrouver la France !
Ne pleure pas, petite sœur.

Dans ce hameau vivait naguère
Un robuste et fier ouvrier;
Heureux époux, trop heureux père,
Quand vint le fléau meurtrier.
— Femme, entends-tu? La France appelle !
L'étranger envahit là-bas.
— Oui, c'est le devoir; va, dit-elle...
Il partit, mais ne revint pas.

— Ne pleure pas, disait le frère,
Ces méchants ont tué mon père;
Un jour je serai son vengeur.
J'aurai sa force et son courage;
Je suis déjà grand pour mon âge;
Ne pleure pas, petite sœur.

La pauvre veuve, l'âme pleine
Du grand malheur qui la frappa,
Survécut quelques mois à peine,
Puis à la douleur succomba.
La voici sur sa triste couche :
Pour la sauver, soins superflus !
Encore un baiser de sa bouche,
Et ses enfants n'en auront plus.

— Ne pleure pas, disait le frère,
Ne sais–tu pas que notre mère
Dans le ciel nous garde son cœur ?
Ne sais–tu pas que sa tendresse
Pour nous implore Dieu sans cesse ?
Ne pleure pas, petite sœur.

Les enfants marchaient en silence ;
Le gai soleil séchait leurs pleurs.
C'est le temps où la Providence
Sème la joie avec les fleurs.
Cueillez, petits, la pâquerette,
Les rouges pavots, les bluets ;
Mais veillez bien : l'ennemi guette
Les trois couleurs de vos bouquets.

— Ne pleure pas, disait le frère;
Tu vois tout près ce grand calvaire ?
Là, plus de pays oppresseur !
Allons, courage, un pas encore ;
Finis ton bouquet tricolore !
Ne pleure pas, petite sœur.

De fleurs l'enfant fait sa couronne
Et la pose au pied de la croix.
Tout à coup le clairon résonne,
Clairon des Français cette fois !
Le chef, en les voyant, de dire :
— Qui donc est là-bas à genoux ?
— Ce sont les enfants du martyre,
Priant pour la France et pour nous.

— D'où venez-vous ? — De la Lorraine.
Et qui vous en chasse ? — La haine,
Dit l'aîné, l'éclair dans les yeux.
Le vieux soldat, cachant ses larmes,
Aux enfants fit porter les armes,
Et dans ses bras les prit tous deux !

                              A. HERVO.

VII

LE CAMP D'ATTILA.

CHAMPS CATALAUNIQUES.

DES steppes de l'Asie un jour Dieu l'appela....
Chassant devant ses Huns le Goth et le Vandale,
Il vint. Il souffleta Rome de sa sandale ;
Les villes qu'il ne put piller, il les brûla.

L'herbe ne verdit plus où marcha sa cavale ;
Tout l'empire tremblait au seul nom d'Attila.
La terre n'a pourtant, de sa course fatale,
Gardé qu'un monument, un seul, — et le voilà :

3

Un camp abandonné dans la plaine déserte,
Quelques os de soldats cachés sous l'herbe verte
Et des tombeaux de chefs qu'entr'ouvrent les sillons.

— Que laissera de plus ta sanglante conquête,
O roi Guillaume? — Avec nos malédictions
Le nom fameux du champ qui verra ta défaite.

Louis GUIBERT.

VIII

A LA PROVIDENCE.

O Providence bienfaisante,
Divin soleil de l'univers,
Laisse ma lyre frémissante
T'offrir en tremblant ses concerts!

C'est toi qui pares nos montagnes
De la verdure des sapins,
Et qui sèmes dans nos campagnes
Les épis d'or à pleines mains.

44

C'est toi que salue à l'aurore
De nos bois l'orgue harmonieux,
A l'heure où le Jura se dore
Devant ton soleil radieux.

C'est ton nom qu'aux Alpes neigeuses
Proclament les aigles altiers,
Lorsque les foudres orageuses
Couronnent d'éclairs leurs glaciers.

Tu fais d'un mot éclore un monde ;
L'harmonie éclate partout ;
Il n'est rien que ton œil ne sonde ;
Ta sagesse gouverne tout.

La foudre annonce ta puissance,
Les océans ta majesté,
Les astres ta magnificence,
L'infini ton immensité.

Oh ! pardonne à celui qui doute
De ta sagesse et de ta loi,
Au sceptique cherchant sa route,
Insensé luttant contre toi ;

Pardonne à l'ignorant qui nie,
A ceux qui blasphèment ton nom,
Et par ta clémence infinie
Sauve-les, Dieu terrible et bon !

Pour eux tu couronnas d'étoiles
Le ciel, ton palais merveilleux :
Touche leurs cœurs, laisse sans voiles
Éclater ta face à leurs yeux.

Ah ! que ne suis-je ton poète
Dans ce siècle d'impiété,
Comme David, ton interprète,
Chantant ta gloire et ta beauté !

Pour t'exalter comme je t'aime,
Que mon cri soit brûlant d'ardeur,
Qu'il soit ma louange suprême
Et l'hymne enivrant de mon cœur !

Mais, ce chant, dès que je l'essaie,
L'Infini me remplit d'effroi ;
Je tombe en extase et bégaie,
Moi, pauvre atome devant Toi !

                              P. MIEUSSET.

IX

LE LIMOUSIN.

Terre du Limousin, salut! terre des chênes,
  Des rochers de granit et des grands châtaigniers,
Des fontaines en pleurs, à l'ombre, sous les frênes,
Des prés ceints d'aubépine et de verts noisetiers;

Terre des durs travaux, toi dont le sein aride
Ne donne au laboureur que de maigres moissons,
Ton unique parure est la prairie humide
Et l'ombreuse forêt ondulant sur tes monts;

Pays des frais vallons tout baignés d'eaux courantes,
Où l'aulne au noir feuillage et le saule argenté
Bercent sur le flot pur leurs branches murmurantes;
Pays de grâce aimable et d'agreste beauté;

Tu ne vois pas fleurir les myrtes et les roses.
Qui mêlent leurs parfums aux bords de l'Eurotas,
Ni sourire à l'aurore, entre les lauriers-roses,
Une blanche Vénus, fille de Phidias;

Tu ne dois qu'à Dieu seul ta beauté souveraine !
Calme dans ta jeunesse et ta sérénité,
Tu ne redoutes pas, ainsi qu'une œuvre humaine,
Que le temps fasse outrage à ton éternité.

La foi qui suscita les saints du moyen âge,
Et qui guida la main des peintres émailleurs,
Vit encore aujourd'hui sereine et sans nuage,
En nos temps amollis gage de temps meilleurs.

Ton sol produit toujours des soldats et des prêtres.
Par la parole sainte élevés et nourris,
Tes enfants ont gardé le culte des ancêtres;
Du grand saint Martial ils sont toujours les fils.

O trésor conservé des croyances premières !
O richesses du ciel sans mesure et sans prix !
Au plus pauvre foyer des plus pauvres chaumières,
Auprès du buis bénit brille le Crucifix !

Eh bien ! je t'aime ainsi, j'aime ta solitude,
Et ta lande stérile, et tes rochers muets !
J'aime de tes torrents la voix puissante et rude
Mêlée au bruit des vents sur tes libres sommets !

J'aime les vents fougueux qui viennent d'Armorique,
Et le souffle léger de ces brises du Nord
Qui sèment les trésors de ton écrin rustique,
Digitales de pourpre, ajoncs et genêts d'or.

J'aime, au milieu des prés et des landes fleuries,
Les bœufs au pas paisible, au long mugissement ;
Au penchant des coteaux les humbles métairies,
Dont la fumée au loin s'élève lentement.

J'aime au-dessus des bois aux cîmes balancées,
Pour nous montrer le but et l'espoir éternel,
Avec leurs toits d'ardoise aux flèches élancées,
J'aime tes hauts clochers « montrant du doigt le ciel ! »

3.

J'aime ta paysanne, aux beaux jours des dimanches,
Avec sa robe neuve aux voyantes couleurs,
Avec son *barbichet,* sa coiffe aux ailes blanches,
Allant prier son Dieu par tes sentiers en fleurs.

A chaque instant vers toi s'en va ma rêverie;
Sévère ou gracieux tu me plais tour à tour :
Attrait toujours nouveau, charme de la patrie,
Qui nous étreins le cœur d'un invincible amour!

                      Gaston DAVID.

X

MAI.

Voici mai, l'éternel renouveau, la saison
Des souffles embaumés et des pieux cantiques ;
Tout prend voix, les ruisseaux, les champs, les bois antiques:
Le brin d'herbe murmure, et l'arbre a sa chanson.

Voici mai! Le printemps sourit : chaque buisson
De vingt couples ailés cache les nids rustiques.
Dans l'ombre solennelle, au fond des basiliques,
L'orgue, quand vient la nuit, exhale un plus doux son.

MAI.

C'est ton mois bien aimé, Vierge mère, ô Marie !
Daigne exaucer enfin ce peuple qui te prie
D'adoucir son épreuve et d'essuyer ses pleurs ;

Fais luire une clarté dans notre nuit profonde :
Laisse tomber la paix, l'espérance et les fleurs
De tes deux blanches mains, ouvertes sur le monde !

Louis GUIBERT.

XI

LE TAMBOUR.

Le tambour aux sons éclatants,
Qui parle combats et mitraille,
N'est pas un jouet à ta taille;
N'y touche pas, mon fils!... attends

N'y touche pas! Son bruit éveille
Comme un écho de nos douleurs,
Et plus encor qu'à notre oreille
Il retentit au fond des cœurs.

Que de mères avaient leurs enfants sous leur aile,
Beaux et fiers, adorés... la joie avec l'orgueil!...
Vers le Rhin, tout à coup, le tambour les appelle...
Ils s'élancent... depuis, les mères sont en deuil.

Ils sont tombés... là-bas... Quel immense ossuaire!
Dans la couche sanglante où l'obus les a mis
Ils gardent l'étendard du pays pour suaire...
Je te dirai plus tard le nom des ennemis.

Je te raconterai nos revers et leur haine;
Que nous n'étions pas prêts; qu'ils étaient dix contre un;
Et qu'il faut, si l'on veut la revanche certaine,
Faire du sacrifice une loi pour chacun.

Lorsque tu sauras tout, tu frémiras de rage...
En attendant, travaille... En attendant, grandis....
Grandis dans le devoir; grandis dans le courage;
Deviens un homme enfin... et contre un qu'ils soient dix!

Et si la France alors te crie,
Par le clairon ou le tambour.
Que tu dois te battre à ton tour,
Réponds : « Présent! » à la Patrie.

Le tambour aux sons éclatants,
Qui parle combats et mitraille,
Alors sera fait pour ta taille...
Et je ne dirai plus : « Attends ! »

A. TAILHAND.

XII

LES CHATAIGNIERS.

GRANDS bois de châtaigniers, bois au profond murmure,
Honneur de mon pays, bois doux et bienfaisants;
Grands bois, présents sacrés de la mère nature,
Qui donnez l'ombre fraîche et les fruits nourrissants;

Ô vous, les premiers nés de nos belles collines,
Vous qu'un nœud invincible à leur sein réunit,
Qui toujours plus avant enfoncez vos racines
Pour plonger jusqu'au cœur du vieux sol de granit;

Arbres mystérieux, sous votre voûte sombre
On sent courir encor les souffles d'autrefois ;
Vos troncs majestueux qui se dressent dans l'ombre
Nous font ressouvenir des antiques Gaulois.

Car plus d'un parmi vous, colosse séculaire,
Semble contemporain des Celtes, nos aïeux ;
Et peut-être a-t-il vu, frémissant de colère,
Passer dans nos vallons César victorieux !

Peut-être est-ce à ses pieds qu'oublieux des idoles,
Le peuple s'assemblait, ardent et généreux,
Quand les saints messagers des divines paroles
Annonçaient de Jésus le règne bienheureux !

O vieux arbres muets, témoins des anciens âges,
Combien avez-vous vu de révolutions,
De choses et de faits, et de fous et de sages,
Entraînés par le flot des générations !

Combien de souvenirs s'éveillent dans notre âme,
Lorsque nous vous voyons mutilés par les ans,
Par la hache de l'homme, et souvent par la flamme
Des feux que les bergers allument dans vos flancs !

Des blessures sans nombre entr'ouvrent votre écorce,
Qui ne protége plus qu'un vieux tronc vermoulu;
Mais de jeunes rameaux, pleins de sève et de force,
S'élancent de ce tronc lorsque Dieu l'a voulu.

Des orages passés vous effacez les traces
Sous le voile abondant des feuillages nouveaux :
Le temps ne peut vous vaincre, et, toujours plus vivaces,
Vous dressez dans l'air pur vos vigoureux rameaux.

Et vous nous survivrez, vieux arbres centenaires ;
Et vous reverdirez aux rayons du soleil,
Et vous verrez nos fils, vous qui vîtes nos pères,
Lorsque nous dormirons notre dernier sommeil !

Gaston DAVID.

XIII

LE PAYS D'AUTUN.

Les monts, comme à présent, étaient couverts de chênes,
Aux clartés de la lune et loin de tous les yeux,
L'ovate au fond des bois, temple mystérieux,
Frappait du fer sacré les victimes humaines.

Fière, pauvre et fidèle au culte des aïeux,
D'aucun maître Bibrax n'avait subi les chaînes :
Ses vallons, ses forêts, des légions romaines
N'avaient pas entendu le chant victorieux.

Vinrent les conquérants. — Sous l'or et la parure
De la captive en pleurs on cacha la blessure;
Le bourg obscur devint une riche cité;

Elle eut des monuments, des cirques, des portiques,
Un sénat, des palais, des jeux, des basiliques,
— Mais au prix de ses dieux et de sa liberté!

Louis GUIBERT.

XIV

SOIS DONC SOLDAT.

Sois donc soldat..... Apprends la discipline austère ;
Garde un cœur patient sous l'armure du fort ;
Sache qu'il faut souffrir, se soumettre et se taire,
Debout pendant la vie et debout dans la mort.

Le renom vient plus tard, et le temps nous l'apporte
Ainsi qu'une moisson mûrie avec l'été ;
Il viendra, si Dieu veut ; s'il ne vient pas, qu'importe !
Qu'il te suffise alors de l'avoir mérité.

Qui prit part à la lutte a droit à la victoire,
Et, par le seul tribut du devoir accompli,
Soldats et généraux sont égaux dans la gloire :
Pour couvrir ses enfants le drapeau n'a qu'un pli.

A. TAILHAND.

XV

LE DÉPART.

CHANSON MILITAIRE.

Partons, amis, au régiment ;
  C'est la France qui nous appelle.
Sous les plis du drapeau, gaiement
Vivons, souffrons, mourons pour elle !

La France a besoin de soldats
Aux bras nerveux, aux âmes saines.
— Honte à qui ne t'offrirait pas,
Mère, tout le sang de ses veines !

4

Autrefois le soldat romain
Qui vainquit et soumit la terre,
Pour nourriture avait du pain
Et pour toute boisson l'eau claire.

Ce qu'il fit nous le ferons bien ;
S'il fut valeureux, nous le sommes,
Et notre pays vaut le sien
Pour enfanter aussi des hommes.

On nous attend au bataillon ;
Le lit est prêt, la chambre faite.
Nous aurons le sac pour maison
Et pour outil la baïonnette.

Que notre pain soit noir ou blanc,
Q'importe !... — La France le donne.
Tout est bon quand l'accueil est franc
Et qu'au cœur la gaîté rayonne.

Sur nous le pays peut compter
Quand viendront les jours de bataille.
Oui, nous saurons tout affronter.
Balles, obus, boulets, mitraille !

Partons, amis, au régiment ;
C'est la France qui nous appelle.
Sous les plis du drapeau, gaiement,
Vivons, souffrons, mourons pour elle.

A. HERVO.

XVI

LA CHARGE.

A cheval! et le sabre au poing!
Ne plaisantons plus, camarades;
La caserne et Paris sont loin :
Le temps est passé des bravades...
Le flot montant des ennemis
Devant lui chasse nos conscrits;
    Mais patience!
Les vainqueurs ne sont pas au bout :
Le pays entier est debout.
    Vive la France!

4.

Oui, la patrie est en danger :
Nous avons perdu la frontière;
Mais au-devant de l'étranger
Jetons-nous, vivante barrière !
On va charger. — Le général,
Calme et souriant comme au bal,
　　Vers nous s'avance...
Voici le tour de l'escadron,
Enfants ! un bon coup d'éperon !
　　Vive la France !

La vague, hélas ! grandit toujours,
Notre choc n'a pu rien contre elle,
Et sans cesse un nouveau secours
Lui rend une force nouvelle.
Puisqu'il nous reste encore du sang,
Camarades, serrons le rang !
　　Qu'on recommence !
On tâchera de faire mieux :
La mitraille éclaircit les yeux.
　　Vive la France !

Il y va du salut de tous.
On ne parle plus de victoire...

La Mort est debout devant nous,
La Mort, — avec sa sœur, la Gloire,
Un Français n'a pas peur de ça...
La consigne est de tomber là.

      Obéissance !

Qu'on fasse comme nous ailleurs !
Amis, tenez bon... Moi, je meurs :

      Vive la France !

Louis GUIBERT.

XVII

AU JURA.

Oh ! laissez-moi chanter mes montagnes aimées,
Mes fiers pics du Jura, leurs sites solennels,
De la Loue et du Doubs les rives embaumées,
Et les joyeux chalets des vallons paternels.

Écosse de la France, ô ma Comté chérie,
Que n'ai-je le cri d'aigle et le vol d'Ossian !
Je dirais tes splendeurs, ta terre plus fleurie,
Tes côteaux plus riants que ceux du Lothian.

J'aime de tes torrents les cascades bruyantes
Où l'arc-en-ciel se joue en des flots de cristal,
Tes hauts sapins berçant leurs cîmes verdoyantes,
Et tes rochers, pareils aux grottes de Fingal;

Je t'aime, ô ma patrie, avec tes bois sauvages
Pleins de sombres beautés, d'arbres mystérieux;
J'aime la majesté de tes grands paysages
Qui m'arrache à la terre et me transporte aux cieux.

Je serai toujours fier d'exalter ton histoire :
Tes guerriers, tes penseurs, rayonnent entre tous;
Je me sens tressaillir d'orgueil devant leur gloire,
Et devant tes martyrs je fléchis les genoux;

J'aime chanter leurs noms, leurs vertus, leur vaillance;
De poétiques fleurs j'aime orner leurs tombeaux.
Français, mon cri toujours sera : « Vive la France! »
A ma patrie, à Dieu, mes hymnes les plus beaux!

P. MIEUSSET.

XVIII

CHERBOURG ET BREST.

Le temps est loin de nous où les nefs d'Angleterre
Débarquaient sans combat leurs soldats sur ces bords.
Où la rude Albion, maîtresse dans nos ports,
Etreignait ce pays de sa terrible serre.

Nous avons à loisir, nous, les vaincus d'alors,
De fer et de granit bardé la vieille terre,
Et si nos ennemis recommençaient la guerre,
Peut-être, cette fois, serions-nous les plus forts ?

La France a, pour servir ses généreuses haines,
Autre chose aujourd'hui que le sang de nos veines;
Et fière, préparée à ses destins nouveaux,

Elle tient en sa main deux armes redoutables :
Brest — un fort bouclier aux ais impénétrables,
Et Cherbourg — une épée au cœur de nos rivaux.

Louis GUIBERT.

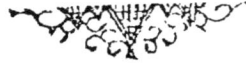

XIX

LA LEÇON DE GÉOGRAPHIE.

A l'Est, vers la frontière, est une tache noire...
La France porte donc le deuil de ce côté ?
De ce pauvre pays dis-moi quelle est l'histoire,
Et comment les destins nous l'ont soudain ôté.

— Sombre histoire, mon fils ! notre sang la raconte
A travers les malheurs d'une guerre sans nom :
Quand Sedan capitule, on a parlé de honte ;
Lorsque Metz s'est rendu, l'on a dit : Trahison.

5

Ce ne fut pas assez d'une hécatombe humaine,
Ni des flots d'or versés, ni du renom perdu...
Nous pleurâmes deux sœurs : l'Alsace et la Lorraine !
Sur la carte, à leur place, un crêpe est étendu.

Et c'est ainsi qu'à l'Est la France fut coupée.
Mais on la sent vivace encor dans le tronçon...
Mais nul règne ne dure établi par l'épée...
Mais tout sceptre est fragile en métal de rançon...

Un jour luira sans doute, où cette tache noire,
Lavée aux eaux du Rhin, ira s'étendre ailleurs.
Les martyrs, déposant la palme expiatoire,
Reverront dans leur ciel l'aube des trois couleurs.

Mon Dieu ! votre justice est seule souveraine...
A qui fut immolé pour tous elle se doit.
Mon Dieu ! vous nous rendrez l'Alsace et la Lorraine :
La force ne saurait toujours primer le droit.

A. TAILHAND.

XX

ADIEU, TAMBOURS!

Du départ des conscrits c'est l'heure !
Et malgré l'entrain des vingt ans,
A l'écart, hélas! plus d'un pleure
Quand il faut quitter les parents!
Adieu, les beaux jours de l'enfance;
Adieu, les paisibles foyers!...
Oui, c'est la lutte qui commence;
Aussi les cœurs sont effrayés.
— Allez, tambours, vite à l'ouvrage;
A nos conscrits donnez courage,
Et menez-les tambour battant!
Ran, tan, plan, plan, plan, ran, tan, plan!

Pauvres soldats, longue est l'étape ;
Le sac est lourd, le ciel en feu ;
Sur votre front le soleil frappe.
Ah! le métier n'est pas un jeu!
Vous voici sur la route immense...
Plus de chants, plus de joyeux cris!...
Votre pas n'a plus sa cadence ;
Le sang coule des pieds meurtris!
— Allez, tambours, battez la charge ;
Que votre voix puissante et large
Aux fatigués rende l'élan !
Ran, tan, plan, plan, plan, ran, tan, plan !

C'est le combat, c'est la bataille !
L'arme au pied, les jeunes soldats,
En s'inclinant sous la mitraille,
A leurs mères pensent tout bas.
L'ouragan sur eux se déchaîne ;
Le sol tremble au choc des canons,
Et des chefs on entend à peine
La rude voix qui dit : Marchons!
— Allez, tambours, bravez l'orage,
Doublez l'effort, soufflez la rage !

Entraînez-les tous en avant !
Ran, tan, plan, plan, plan, ran, tan, plan !

Aujourd'hui la ville est en fête
Pour acclamer son régiment.
Le voilà, ses tambours en tête,
Qui se déroule fièrement.
Son drapeau que le vent soulève
Et des feux du combat noirci,
C'est la France qui se relève,
Glorieuse encor, Dieu merci !
— Allez, tambours, ouvrez l'espace ;
De votre âme qu'un souffle passe
Au cœur de l'homme et de l'enfant !
Ran, tan, plan, plan, plan, ran, tan, plan !

C'est votre voix si populaire,
— Muette, hélas ! dorénavant, —
Qui mena par toute la terre
Le soldat français triomphant.
La loi le veut : faites silence !
Tous les regrets sont superflus ;
Adieu, tambours pleins de vaillance.
Désormais vous ne battrez plus !

— Mais du pays je vous apporte,
Avant que le temps vous emporte,
Un cri d'adieu reconnaissant !
Ran, tan, plan, plan, plan, ran, tan, plan !

Demeurez fiers ; car sans relâche
En vaillants vous avez battu :
Vous avez bien fait votre tâche,
Un noble repos vous est dû.
Mais si jamais la France aimée
Revoyait des jours de danger,
Réveillez-vous, l'âme enflammée ;
Nous avons l'honneur à venger !
— A votre voix bravant l'orage,
Nous soufflant l'effort et la rage,
Nous marcherions tous en avant !
Ran, tan, plan, plan, plan, ran, tan, plan ?

A. HERVO.

XXI

DE SAINT-ÉTIENNE A LYON.

La vapeur mugit; la forge s'allume.
Le train passe au loin, prompt comme l'éclair;
Sous le noir tunnel dont la gueule fume,
Il s'engouffre avec un fracas d'enfer...

Le marteau bruyant frappe sur l'enclume,
Et dans la fournaise où se tord le fer,
La houille à grands flots roule et se consume;
De longs sifflements se croisent dans l'air.

Du génie humain, l'œil troublé mesure
Le puissant essor ; il voit la nature
Partout asservie au travail v. inqueur ;

Et l'homme, sentant l'ivresse le prendre,
Pour sage qu'il soit, ne peut se défendre
D'un frisson d'orgueil qui lui monte au cœur.

Louis GUIBERT.

XXII

LE LABOUREUR.

Le laboureur, joyeux, par les chaudes journées,
Contemple avec orgueil les gerbes moissonnées
Et goûte dans la paix d'un beau ciel attiédi
Le repos qui succède aux labeurs de midi.
A peine il se souvient des heures de froidure,
Quand l'âpre vent sifflait, quand la terre était dure,
Et que les bœufs, poussés en vain par l'aiguillon,
Traînaient avec lenteur les socs dans le sillon.
C'était le temps d'épreuve à lutte opiniâtre;
Il laissait ses enfants accroupis devant l'âtre,

5.

Et s'en allait aux champs qui promettent le pain
A qui sème aujourd'hui pour recueillir demain.
Il a bien travaillé dans la saison mauvaise,
Mais des rudes travaux est-ce que la loi pèse
A quiconque, voyant la récompense au bout,
Marche avec un espoir qui le soutient debout!
Or il sait qu'à l'effort s'entrouvrant d'elle-même
La terre n'a jamais trompé celui qui l'aime,
Et qu'elle doit, suivant un éternel dessein,
Féconder chaque germe enfoui dans son sein.
Maintenant à ses pieds la récolte se range
Avec des reflets d'or sur l'aire de la grange,
Et du cœur, de la voix, émus à l'unisson,
Tête nue, il rend grâce au Dieu de la moisson.

A. TAILHAND.

XXIII

RENAISSANCE.

L'OISEAU s'enfuit, la feuille tombe,
　　Le soleil pâlit dans les cieux;
Et la neige, blanche colombe,
Se pose aux monts silencieux.

Tout est muet dans la nature :
Seul, le souffle glacé du Nord
Dans les airs se plaint et murmure :
C'est l'hiver, le deuil et la mort.

Mais sous la glace transparente
On sent courir le flot mouvant,
Et sous cette mort apparente
Nous savons que tout est vivant.

Bientôt, la nature immortelle,
Dépouillant ses voiles de deuil,
Plus jeune, plus fraîche et plus belle,
Sortira de ce froid cercueil.

Ainsi, soleil, à ta lumière
Quand nos yeux se seront fermés,
Quand nos lèvres pour la prière
Seront muettes à jamais;

Si nous avons été fidèles
A garder la loi du Seigneur,
Alors notre âme, ouvrant ses ailes,
Ira dans un monde meilleur.

Elle sortira triomphante
De la froide nuit du tombeau,
Et montera resplendissante
Vers un ciel plus pur et plus beau.

Rentrée au foyer de la vie
Qui n'a ni terme, ni déclin,
Elle vivra calme et ravie
Dans l'amour sans borne et sans fin.

Gaston DAVID,

XXIV

MON VILLAGE

SOUVENIR DE FRANCHE-COMTÉ.

Il est une vallée, une oasis tranquille
Dont le seul souvenir fait tressaillir mon cœur,
Un lieu que je préfère aux splendeurs de la ville,
    Un Eden toujours enchanteur.

C'est un hameau caché, c'est mon humble village
Souriant au soleil aux pieds des verts coteaux,
Berceau délicieux qui ravit mon jeune âge
    Avec ses fleurs et ses ruisseaux.

Ma Muse radieuse, à l'aube des vacances,
Fuyait, ô Besançon, tes remparts trop étroits ;
Je voulais mon pays, mes campagnes immenses,
    L'air enivrant et pur des bois.

Pourtant tu me plaisais avec tes tours altières,
Fière cité, nid d'aigle au milieu des rochers,
Toi qui mêles le bruit des fanfares guerrières
    Au gai carillon des clochers !

Mais j'aimais avant tout le ciel bleu, la nature...
O mon riant vallon, pourquoi t'ai-je quitté ?
C'est là que j'ai goûté, l'âme encor tendre et pure,
    Des mois si courts de liberté.

Combien j'aimais septembre et ses douces aurores,
Lorsque, jeune écolier, oubliant mes labeurs,
J'errais dans les vallons et les forêts sonores
    Qu'éveillait le cor des chasseurs !

Parfois, Virgile en main, assis sous le feuillage,
Au bord des clairs ruisseaux j'attendais les ramiers,
Pour les voir tour à tour baigner leur bleu plumage
    Dans l'eau coulant sur des graviers.

O mes belles forêts, doux vallon, frais rivages,
Retraite où je cherchais les Muses chaque jour,
Où j'allais confier à de secrets ombrages
      Mes rêves de gloire et d'amour !

Que le seul bruit du cor parmi vous retentisse
Avec les chants joyeux des nids et des bergers !
Que, la crinière au vent, le coursier ne bondisse
      Que sur les pas des cerfs légers !

Que jamais le clairon lugubre de la guerre
Ne revienne effrayer la vierge du hameau,
Où que la France alors, terrible en sa colère,
      Se lève.... et venge son drapeau !

Besançon gardera sa haute citadelle
Pure de trahison et de lâches forfaits,
Et toujours les Comtois, les yeux fixés sur elle,
      Resteront fiers du nom français.
             P. Mieusset.

XXV

LA CROIX.

A l'angle des chemins est une croix de pierre.
　　Le Christ au regard languissant,
Blessure ouverte au flanc et pleurs sous la paupière,
　　Semble suivre chaque passant.

Quelques bouquets fanés pendent encore au faîte
　　Avec des couronnes de buis;
Vestiges oubliés de la dernière fête,
　　Que le vent effeuille depuis;

Et sur le piédestal à large dalle plate,
    Les instruments de passion,
Détachés en relief, entourent une date
    Qui rappelle la Mission.

Lorsque les paysans, se rendant au village,
    Regardent l'humble monument,
Il en est, parmi ceux qu'a déjà courbés l'âge,
    Qui se signent dévotement;

Les jeunes gens, injure ou dédain à la bouche,
    Sifflent parfois, pressant le pas :
Dans le pieux emblème il n'est rien qui les touche
    Pour Dieu qu'ils ne connaissent pas;

Les enfants, au contraire, échappés de l'école,
    Troupe heureuse, matin et soir,
A l'heure des ébats où la gaîté s'envole,
    Sur les degrés viennent s'asseoir.

J'ai pensé bien souvent : — Ainsi marche la vie;
    Homme ou vieillard, de tous les rangs,
Croyant ou non, sur chaque étape poursuivie,
    La croix nous trouve différents.

Aux premières lueurs d'aurore virginale,
    Quand tout est innocence en soi,
Et qu'un parfum du ciel encore s'en exhale,
    L'âme s'éveille dans la foi.

Quand la force, plus tard, semble conduire au doute,
    L'ombre s'étend sur les clartés ;
L'on méprise ou rejette, au milieu de la route,
    Les éternelles vérités.

Mais, lorsqu'après l'erreur, qui provoqua l'offense,
    Apparaît le terme fatal,
Oh ! l'on revient alors au Dieu de son enfance,
    Qui promit d'oublier le mal ;

Qui protégea d'abord, qui maintenant console,
    Qu'on retrouve après l'abandon ;
Et dont l'humanité recueillit la parole,
    Faite d'amour et de pardon.

A. TAILHAND.

XXVI

GLORIA VICTIS.

A MERCIÉ.

Sculpteur, ton œuvre est belle et noble ta pensée !
Quand le fer règne seul dans l'Europe abaissée,
Que le droit s'abandonne et ne proteste plus,
Il est bon qu'une voix rompe enfin le silence,
Et jette aux nations, au vainqueur, à la France,
　　Ton vaillant cri : *Gloire aux vaincus !*

Gloire à ces régiments, lancés dans la bataille,
Qui, calmes sous l'obus, le sabre et la mitraille,

Voyaient la mort en face et ne reculaient pas ;
Gloire à tous les héros trahis par la Fortune,
Qui, suprême rançon de la faute commune,
    Le front haut, marchaient au trépas !

Honneur aux fils pieux tombés pour la patrie,
Aux enfants qui faisaient à leur mère meurtrie
Un soutien de leur bras, un rempart de leur corps ;
A tous ceux qu'un trépas illustre ou sans mémoire
Côte à côte, sanglants, a couchés ! Paix et gloire
    A vous tous, ô pauvres chers morts !

Hélas ! qu'en nos pensers votre part est petite !
La nuit gagne nos cœurs, et l'herbe a crû moins vite
Sur vos corps mutilés qu'en nos âmes l'oubli.
— Ton front rougit pour nous, artiste, et ta parole
Jaillit, grave leçon pour ce peuple frivole,
    Pour les vainqueurs serein défi.

O sculpteur, sois content ! Ta jeune renommée,
D'hier à peine éclose, est partout acclamée ;
Sur ta poitrine en feu, tu peux croiser tes bras.
Laisse un jour de repos à ton ciseau fidèle ;
Ton génie a donné le souverain coup d'aile :
    Ce marbre ne périra pas !

. . . .

Sous un ouragan de mitraille,
Tourbillon de flamme et d'acier,
Au plus épais de la bataille
Est tombé le jeune guerrier.
Sa voix, qu'étranglait la souffrance,
Criait encor : Vive la France !
A la patrie, à l'existence,
Ce fut son adieu, — le dernier...

Au dessus du champ de carnage
Planait la Gloire ; elle suspend
Son haut vol, et dans un nuage
Cachée à tous les yeux, descend :
Repliant son aile divine,
Sur le soldat elle s'incline,
Doucement contre sa poitrine
L'attire, et dans ses bras le prend.

Mais un autre devoir appelle
La vierge au voile radieux :
Le pied de la fière immortelle
Ne peut s'attarder en ces lieux,
A la force, au crime, à la guerre,
Au mal qui l'étreint et l'enserre,

La Gloire abandonne la terre,
Emportant le guerrier aux cieux.

Rien de plus. — Mais l'œuvre est sublime,
Et chacun, devant ce tableau,
Revoit quelque chère victime
Dans ce mort si jeune et si beau. ...
Apothéose magnifique,
Simple et viril panégyrique !
Quel mâle accent, quel vers épique,
Sculpteur, eût valu ton ciseau ?

Cette vision, descendue
A ta puissante voix du ciel,
Soudain remplit notre âme émue
D'un réconfort surnaturel.
Elle nous parle d'espérance,
Et de la Fortune en démence
Déchirant l'inique sentence,
En appelle au Juge éternel.

. . . .

Non ! tout n'est pas perdu parce que la Victoire,
Inconstante alliée, a trahi nos drapeaux ;
Au char doré que suit l'inexorable Histoire

Tous les triomphateurs n'enchaînent point la Gloire,
Et les exploits heureux ne sont pas les plus beaux.

Non ! la Gloire n'est pas la vulgaire complice
De l'aveugle Fortune et des grands attentats.
Le sort ne l'a jamais soumise à son caprice :
Elle suit le bon droit, la vertu, la justice,
Et sur tous les chemins on ne la trouve pas.

Les hasards de la lutte et sa douteuse issue,
Les faveurs du destin ne font pas les héros :
La plus juste espérance est quelquefois déçue ;
Par les meilleurs champions la bataille est perdue,
Et souvent les vainqueurs ne sont que des bourreaux.

Souvent aussi l'épreuve ennoblit et relève ;
Plus d'un peuple bénit les maux qu'il a soufferts ;
La défaite parfois aux discordes fait trêve,
Et rend aux nations toute leur vieille sève...
Puisse-t-il être ainsi de nos derniers revers !

Mais pour que la leçon à nos fils soit utile,
Il faut savoir sur nous faire un vaillant retour ;
Il faut, d'un bras robuste et d'une âme virile,

Etouffer tout espoir à la guerre civile.
A ce prix seulement nous aurons notre jour.

Contenons jusque-là nos élans, nos audaces ;
Marchons avec prudence et la main dans la main :
Dédaignant les grands mots, les frivoles menaces,
Préparons nos enfants à marcher sur les traces
Des héros dont le sang a marqué le chemin.

Sans folle illusion conservons l'espérance ;
Graves et résignés, mais non pas abattus,
Supportons dignement notre désastre immense,
Et que l'Histoire un jour, louant notre constance,
O sculpteur, comme toi, dise : *Gloire aux vaincus !*

Louis GUIBERT.

XXVII

A LA FRANCE.

ENVOI.

Faisceau *d'étendards fraternels*
Qu'un souffle généreux agite ;
Poétique trophée où chaque vers palpite
Des mêmes élans éternels ;
Symphonie où le son des harpes se marie
Aux accents du clairon guerrier,
Bouquet où la bruyère est mêlée au laurier,
— Nous t'offrons ce livre, ô Patrie !

Un lien, un seul : ton amour,
Réunit nos cœurs et ces pages.
Puissent tous tes enfants, après de longs orages,
A ton nom s'unir à leur tour....
Parole, exemple, aux vents nous jetons la semence :
Dieu fasse germer l'humble grain !
Chez nous un vers ému jamais ne chante en vain
Le devoir, l'honneur et la France.

A. G.

TABLE

ERRATUM.

Page 20, vers 10, *au lieu de :*

Par des mots d'avenir et *d'outrage passé*

Lisez :

Par des mots d'avenir et d'outrage au passé

Limoges. — Imp. Vᵉ H. Ducourtieux, rue des Arènes, 7.

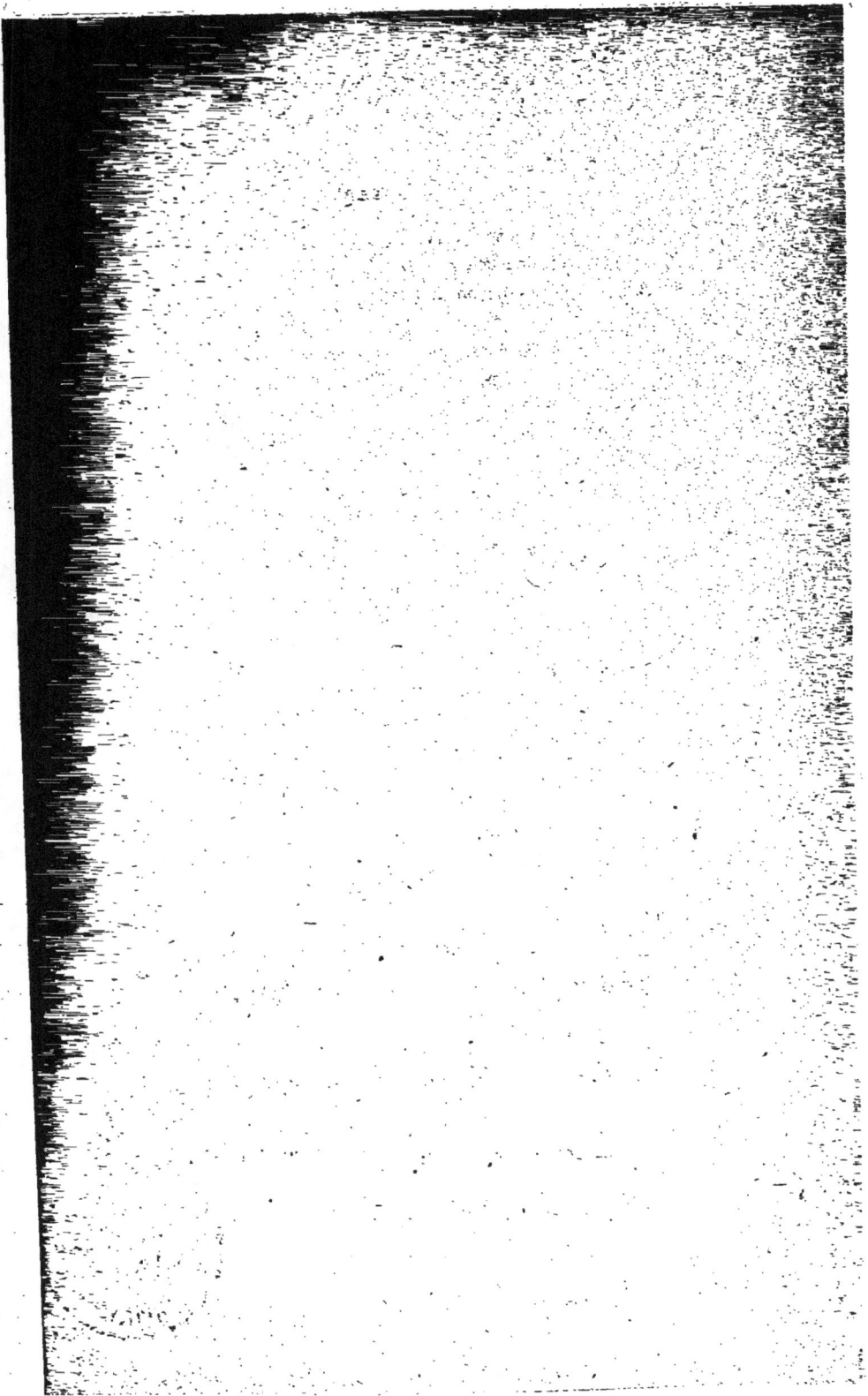

LIBRAIRIE PAUL OLLENDORFF

28 bis, rue de Richelieu, Paris

La Muse moderne, par J. Sermet, 1 vol.
  in-18................................... 1 fr.

Mon Vide-Poche, par G. Clerc, 1 vol.
  in-16................................... 2 fr. 50

Les Sentimentales, par A. Labitte, 1 vol.
  in-18................................... 3 fr.

Brocards et Fanfreluches dotées, par Oudeis,
  1 vol. in-18 sur papier vergé de Hol-
  lande.................................. 5 fr.

Myrtes et Roses, par A. Cornier, 1 vol.
  in-18................................... 3 fr. 50

Ariella, par G. Cabaret, 1 vol. in-16..... 3 fr.

Les Dieux qu'on brise, par Albert Delpit,
  1 vol. in-18.............................. 3 fr. 50

Les Contes d'à présent, par Paul Delair,
  avec une Lettre de Coquelin aîné sur la
  poésie dite en public et l'art de la dire,
  1 vol. in-18............................ 3 fr. 50

Pièces à dire, par A. Carcassonne, 1 vol.
  in-18................................... 3 fr. 50

Gousses d'ail et Fleurs de serpolet, par Paul
  Harel, 1 vol in-18...................... 3 fr.

Théâtre bizarre, par R. Palefroi, 1 vol.
  in-16................................... 4 fr.

Limoges, imp. Vᶜ H. Ducourtieux, rue des Arènes, 7.